Lo Scalping è Divertente!

Parte 2: Esempi pratici

Heikin Ashi Trader

Contenuto

1. Scalping con l'Analisi Tecnica

Nel primo libro di questa serie, "Lo Scalping è Divertente", avevo presentato una semplice configurazione di scalping che è possibile applicare in qualsiasi momento, indipendentemente dal fatto che il mercato sia in trend o in una fase laterale. Questa configurazione è universale e può essere applicata ad ogni time frame. Il secondo libro della serie approfondisce meglio questo set-up di base con la presentazione di una serie di modelli tipici che provengono dall'analisi tecnica. I modelli sono generalmente facili da capire ed efficaci da utilizzare. Anche se si possiede solo una lieve familiarità con l'analisi tecnica, si potranno comunque applicare gli esempi che vengono esplicitati in questo secondo libro.

Questo libro è il risultato di molte domande che ho ricevuto dai partecipanti ai miei webinar e al mio programma di mentoring. Con questo secondo libro, spero di riuscire a fornire delle risposte. Sono stato uno scalper

per più di 14 anni, ma non smetto mai di imparare o di sforzarmi di migliorare. Ecco perché, a questo punto, vorrei ringraziare tutti questi trader per le loro domande ed i loro commenti, in quanto in ultima analisi mi hanno dato un input per questo secondo libro.

Questo libro non copre la fase avanzata della mia configurazione, ma indipendentemente da ciò sono convinto che si possa fare trading con questo semplice metodo senza alcuna conoscenza di analisi tecnica classica. La maggior parte dei trader che conosco, me compreso, hanno iniziato la loro carriera studiando i grafici, e questo fornisce alcuni vantaggi ma anche qualche svantaggio. L'analisi tecnica può essere paragonata alla cartografia; il trader impara a interpretare i movimenti del passato e la situazione attuale nel contesto del passato. Si impara, per così dire, a leggere una mappa. Ma dove questo viaggio porterà in futuro, ancora non si sa.

Lo svantaggio di questo metodo è che, nel corso del tempo, si perde la prospettiva iniziale quando si osservano i grafici. A colpo d'occhio, gli esperti di grafici vedono alti e bassi sorprendenti. Notano livelli di supporto e resistenza ed identificano i trend, i modelli di continuazione, le figure di inversione, ecc ... Con i loro occhi allenati, essi sono in grado di farlo. Basta provare a guardare qualsiasi grafico senza vedere questi modelli. Se si lavora già due o tre anni con l'analisi tecnica, probabilmente non ci si riuscirà.

Tuttavia questo punto di vista imparziale appartiene a persone che non hanno mai letto un libro sull'analisi tecnica. Se fosse di fronte a un dipinto che si potesse descrivere come "astratto", l'analista tecnico vedrebbe in esso "strade, case e alberi" – in breve, un intero paesaggio Probabilmente non riusciremo mai ad ottenere questo tipo di visione completamente imparziale, essendo cresciuti con l'analisi dei grafici. Le simulazioni al computer dimostrano proprio questo. Le simulazioni sono programmi che producono grafici virtuali puri senza alcun riferimento a qualsiasi mercato o azione. Utilizzando i grafici che vengono inventati solamente dai programmi per computer, l'analista grafico inizierà a identificare il suo modello familiare. Egli inizierà a disegnare le linee di tendenza, a distinguere massimi o minimi significativi, ecc … Come potete vedere, non c'è scampo da questo punto di vista di parte!

Tuttavia, credo che in quanto "Cartografo" sia possibile fare trading con profitto utilizzando la configurazione esplicitata nel mio primo libro. Anche in questo caso, i Grafici Heikin Ashi ci aiutano molto visualizzando il "flusso" del mercato come nessun altro. Ora, in questo secondo e-book, voglio collegare il mio set-up ad importanti elementi di analisi tecnica. Tuttavia, non è obbligatorio utilizzare gli esempi spiegati. Molti scalper che operano in questo modo - con uno o due indicatori di trading - sono pienamente soddisfatti. Altri utilizzano la configurazione pura del Libro 1 ed hanno successo. Il punto fondamentale nel trading è trovare o sviluppare il metodo che più vi aggrada - non ne esiste uno giusto o sbagliato.

2. Come si Interpretano i Grafici Heiken Ashi?

Prima di iniziare con esempi concreti, osserviamo le caratteristiche principali dei grafici Heikin Ashi, che saranno utilizzati in molti esempi. In primo luogo, diamo un'occhiata a questa tabella che riassume le informazioni più importanti sui grafici Heikin Ashi.

Figura 1: Caratteristiche dei Grafici Heikin Ashi

Trend	Mercato rialzista	Mercato ribassista
Inizia il trend	Candele verdi crescenti	Candele rosse discendenti
Il trend diventa più forte	Le candele verdi diventano più lunghe	Le candele rosse diventano più lunghe
Il trend si indebolisce	Le candele verdi diventano più corte con ombre superiori	Le candele red diventano più corte con ombre inferiori
Consolidamento / inversione del trend	Spinning top / doji	Spinning top / doji

Le proprietà rimangono le stesse per i mercati in fase di salita e di discesa. I grafici Heikin Ashi visualizzano i trend molto meglio rispetto, ad esempio, ai grafici candlestick. Essi sono progettati in questo modo per identificare i trend a colpo d'occhio. Il trader quindi capisce immediatamente se il mercato è in un trend ascendente o discendente. I colori delle candele non lasciano dubbi.

Figura 2: Un trend in una Rappresentazione Heikin Ashi

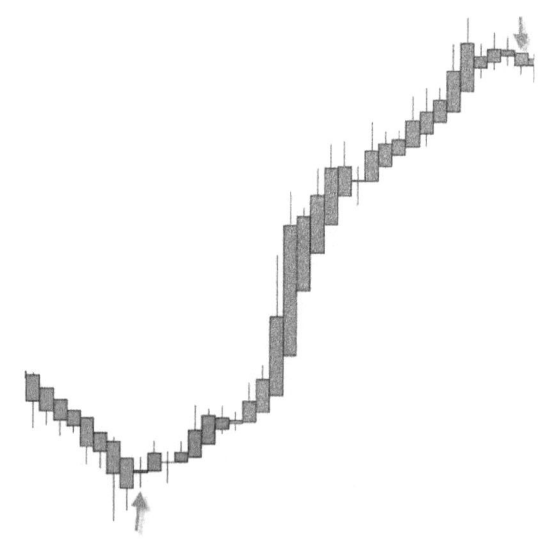

Osserviamo attentamente la Figura 2. Tutte le candele prima della freccia in basso sono di colore rosso. Ciò significa che il mercato è in un trend ribassista. La candela sopra la freccia blu indica una doji (che spiegherò presto) ed è di colore verde. Questo per me rappresenta un segnale classico di acquisto. Vediamo anche come tutte le candele successive siano verdi; a questo punto il trend rialzista ha inizio. All'inizio, il trend è abbastanza tentennante, come possiamo notare dalla dimensione ridotta o insignificante delle candele che però sono ancora verdi. Nel mezzo del movimento, le candele diventano significativamente più grandi o più lunghe. I tori hanno chiaramente prevalso. La tendenza al rialzo è in pieno sviluppo. Nella terza parte del trend, anche se stanno ancora aumentando, le candele diventano nuovamente più piccole. Alla fine del trend, sono piccole come all'inizio ed inoltre appare una doji. La candela successiva è rossa, come indicato dalla freccia blu in alto. Infine, il trend rialzista termina. Il cambiamento di colore suggerisce che inizia un nuovo ciclo e il prezzo ricomincia a scendere.

Come scalper in controtendenza, siete specializzati ad operare su trend che arrivano al termine. Il lavoro analitico è quello di identificare i trend e scoprire se il loro momentum è forte o debole. Qui, la dimensione delle candele è di fondamentale importanza. Candele grandi, possibilmente con lunghe ombre, spesso indicano che il trend è in pieno sviluppo. Nei mercati in crescita, questo significa che i tori hanno l'ultima parola senza discutere. Ovviamente anche qui ogni trade short è proibito come qualsiasi trade long! Candele lunghe e forti indicano che il party è in pieno svolgimento. Tutti sono eccitati e voi, come ultimi ospiti, arrivereste sicuramente troppo tardi.

Figura 3: Grafico 2-Minuti GBP / USD

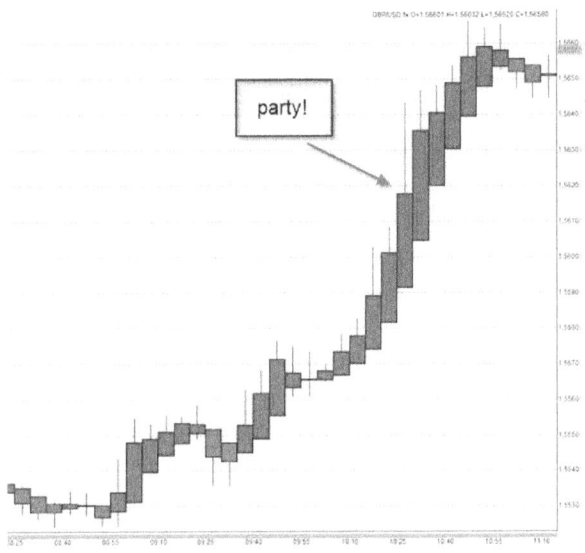

Questa figura che mostra il cambio GBP / USD chiarisce l'analogia con un party. La candela centrale, come indicato dalla freccia blu, è il momento clou della festa. I tori acquistano la sterlina in questo periodo all'interno di un range superiore a 50 pips! Allo stesso tempo, si noterà una lunga ombra che sottolinea che il party potrebbe terminare presto. La candela successiva è un po' più piccola e il nuovo massimo non è di molto superiore al precedente. Poi, le candele iniziano a diventare più piccole e le ultime due candele verdi non raggiungono nuovi massimi più elevati. A questo punto, i tori hanno speso tutto e sono a corto di energia. Ora occorre seguire da vicino cosa succede dopo: nella parte alta del movimento, le candele di consolidamento crescono, di solito prendendo la forma di una doji o di uno spinning top.

Figura 4: Doji e Spinning Top

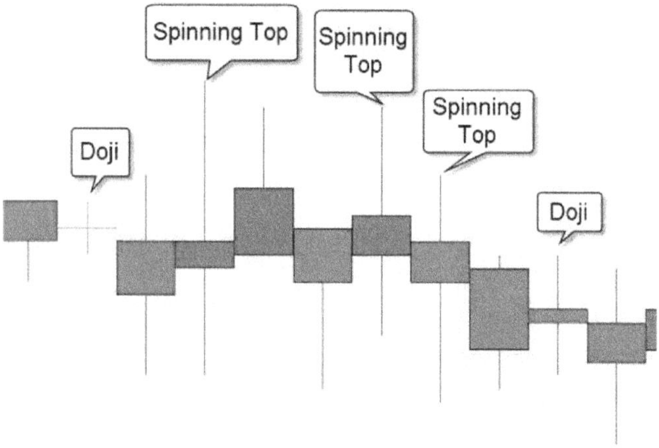

È facile riconoscere la differenza tra le due. Le doji hanno piccole ombre e quasi nessun corpo reale mentre gli spinning top hanno spesso lunghe ombre e un piccolo corpo reale. Una doji è simile a una croce o ad un segno più, il che significa che il prezzo di apertura e il prezzo di chiusura del periodo sono quasi identici. Una doji segnala un equilibrio tra compratori e venditori e spesso preannuncia un cambiamento nel trend.

Anche se gli spinning top sono simili alle doji, essi esprimono qualcosa di un po' diverso. Con gli spinning top, i prezzi di apertura e di chiusura sono simili tra loro. Tuttavia, le lunghe ombre sopra e sotto al corpo reale suggeriscono che la volatilità è ancora alta. Tuttavia, uno spinning top è la prima indicazione che l'attuale trend si sta indebolendo, in quanto né i tori né gli orsi dominano il mercato.

Entrambi i modelli di candele fanno notare che c'è un equilibrio tra acquirenti e venditori. Gli operatori di mercato sono quasi "d'accordo" sul prezzo.

3. Quando Entrare?

In un grafico, io considero il sorgere di una doji o di uno spinning top, un'indicazione che il momentum attuale è almeno temporaneamente esaurito. Potrebbe trattarsi di una pausa all'interno del trend, o potrebbe anche essere l'inizio di una correzione, alla quale, come scalper in controtendenza, sono ovviamente interessato. Il punto è: non troverete mai un indicatore in anticipo con la sicurezza del 100%. Non saprete mai se si tratta di una breve pausa o se il mercato si prepara a correggere una parte del movimento precedente. E sapete una cosa? Non è necessario conoscere tutto ciò. Il trading e lo scalping sono giochi di probabilità: l'unico fattore importante è che le vincite siano maggiori delle perdite.

Figura 5: Trade Short

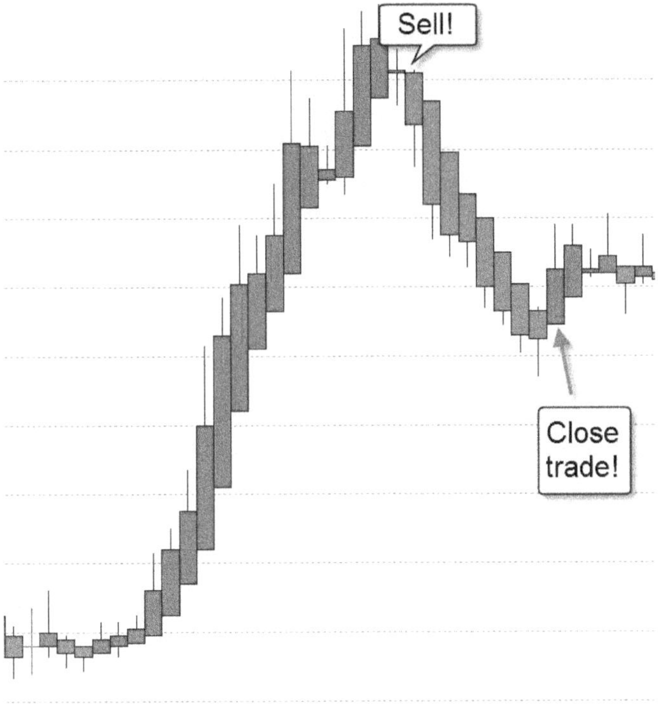

Dopo il significativo movimento ascendente a sinistra nel grafico, una doji nasce sul massimo. Questo è il segnale per il movimento opposto. Dopo il completamento di questa candela doji, si dovrebbe prendere una posizione short a mercato. Come si può notare, il mercato poi scende per 7 candele consecutive. Se si opera su un grafico ad 1 minuto, questo time frame è esattamente di 7 minuti. L'ottava candela è di nuovo verde, come indicato dalla freccia. Ciò significa che i tori hanno preso il controllo del mercato. A questo punto, si dovrebbe chiudere la posizione e realizzare il proprio profitto.

Se siete andati short ma dopo un breve periodo di tempo realizzate che si è trattato solamente di un break e che il mercato continua il trend precedente, dovreste chiudere immediatamente la vostra posizione. Incapperete in una piccola perdita che sarà necessario accettare come trader. Le perdite sono i costi della nostra attività - non dimentichiamolo! Ma se avete fatto delle valutazioni adeguate e il mercato si corregge, realizzerete un profitto, come mostrato in Figura 5. Ma attenzione! Anche in questo caso, si avrà dell'incertezza, perché non si potrà mai sapere in anticipo quanto lontano la correzione andrà. A volte il mercato vi darà un paio di punti o di pip e poi tornerà indietro. Accettate questa piccola vittoria e procedete con il prossimo trade. A volte si verificherà una correzione maggiore, come nella figura 5 (circa il 50% del movimento precedente). E nel caso più favorevole, il mercato correggerà l'intero movimento precedente e ancora di più. Queste situazioni sono doni, e si dovrebbe accettarli con gratitudine. Questi sono i trade che aumentano in modo significativo le prestazioni alla fine della vostra settimana.

4. Quando Uscire?

Ho una risposta semplice a questa domanda: il colore delle candele Heiken Ashi vi dirà se è necessario chiudere la posizione o meno. Ancora una volta, controlliamo la Figura 5. Dopo un rally è nata una doji e il segnale short è arrivato con la candela successiva il cui corpo è chiaramente di colore rosso. Il mercato poi è caduto per 7 minuti e ha corretto circa il 50% del movimento precedente. Quindi, è emersa la prima candela verde che ha segnalato che il movimento di correzione era finito (Trade Chiuso!). Se siete short nel grafico a 1 minuto e il mercato produce una candela rossa dopo l'altra, perché uscire? Godetevi il viaggio e prendete il maggior numero di pip o di punti possibile. Avrete bisogno di loro.

Considerate questo: la correzione con la quale state facendo trading o scalping è soggetta alle stesse leggi del trend precedente sul quale avete configurato il vostro trade. La correzione può sviluppare un momentum. Forse l'inizio sarà modesto e si vedranno solo piccole candele. Ma esse possono diventare più grandi e portare ad un elevato profitto. Comunque, la correzione ad un certo punto finirà per cambiare in un periodo di consolidamento. Se le candele diventano piccole a questo punto, o sorgono doji e spinning top, è giunto il momento di correre - ma ricordate prima di intascare la vostra vincita! La prima candela verde sta per sopraggiungere. Lo scalping non è per i soggetti tranquilli: è tutta una questione di profitti super veloci.

É piuttosto evidente. Se siete già stati scalper per un certo periodo, spererete sempre di ottenere di più dal trade rispetto a quanto il mercato potrà darvi. Si tratta della natura umana, ma è ovviamente un errore. In quanto trader, avete certamente bisogno di escludere la parola "speranza" dal vostro vocabolario. Dovete imparare a realizzare regolarmente e costantemente profitti, proprio come è necessario imparare a subire regolarmente piccole perdite senza alcuna perplessità. Non esitate se il grafico mostra chiaramente che la correzione è finita. Il mercato è in un flusso costante, le onde di acquisto e di vendita vanno e vengono e il vostro compito è quello di cavalcare queste onde al meglio. Pertanto, è di fondamentale importanza disporre di strumenti che siano in grado di visualizzare tali flussi con precisione. E questo, ai miei occhi, accade con i grafici Heikin Ashi.

5. Lavorare con Obiettivi di Prezzo

Il set-up di base, come è stato presentato finora, funziona senza obiettivi di prezzo. Lo scalper resta nel trade a meno che non avvenga un cambiamento di colore nei grafici Heikin Ashi. Se si combina il set-up di base con l'analisi tecnica è possibile utilizzare gli obiettivi di prezzo, quindi i vostri trade si baseranno sulla vostra valutazione del mercato. A questo punto, la domanda è: ci sono punti di svolta del mercato dovuti a certi livelli tecnici (ne parleremo più approfonditamente nei prossimi capitoli)? Se avete esperienza con i livelli tecnici, vi capiterà spesso di notare che il vostro target di prezzo viene raggiunto esattamente. Tuttavia, si vedrà anche che il mercato tende ad andare oltre l'obiettivo. In questo caso, l'ordine take profit limiterà i vostri profitti. Purtroppo, questo viola la regola principale del trading: tagliare le perdite e lasciar correre i profitti. Tuttavia, questa regola non è stata formulata per gli scalper, ma piuttosto per i seguaci del trend e i trader di posizione.

Vi capiterà inoltre spesso di notare che il vostro prezzo target non viene raggiunto e il mercato si gira prima. Quindi, le candele Heikin Ashi dovrebbero guidarvi. Sono i colori delle candele che cambiano? Sono sempre più piccoli? Sono doji o spinning top in formazione? Ma c'è un altro motivo per il quale gli scalper dovrebbero considerare il trading con gli obiettivi di prezzo. Il vostro prezzo target può essere raggiunto a volte più velocemente di quanto pensiate. Spesso, sarete in grado di chiudere rapidamente la posizione. Nell'attimo seguente, il mercato potrebbe già essere cinque o sei pips più in alto o più in basso.

L'ordine automatizzato di molti sistemi di trading guida il mercato in una direzione o nell'altra – a vostro favore o contro di voi. Pertanto, si dovrebbe lavorare con uno stop fisso e con target ambizioso. Se il prezzo target non viene raggiunto, quindi, si prenderà l'ordine take profit fuori dal mercato. Se il vostro ordine take profit viene raggiunto grazie ad un movimento rapido, siate felici di aver ottenuto un buon affare sul mercato. Lo scalping con un ordine di take profit porta benefici e a volte porta svantaggi. Anche in questo caso, non c'è un'azione giusta o una sbagliata. Alla fine, ogni scalper deve sviluppare le proprie regole. L'esperienza dimostra che durante lo sviluppo della vostra carriera di trading e l'acquisizione di una maggiore esperienza, sarete voi stessi a cambiare le vostre regole di trading.

6. Lo Scalping Heikin Ashi in Pratica

Ora vorrei mostrarvi come faccio scalping utilizzando EUR/USD in una particolare mattina di trading. Qui di seguito vedrete una serie di screenshot che ho fatto durante il mio trading. Essi dimostrano come sono stati eseguiti ingresso e uscita di ogni trade. Parlerò anche dello stop management e alla fine valuterò i miei risultati.

Figura 6: EUR / USD, Grafico a 30-Secondi

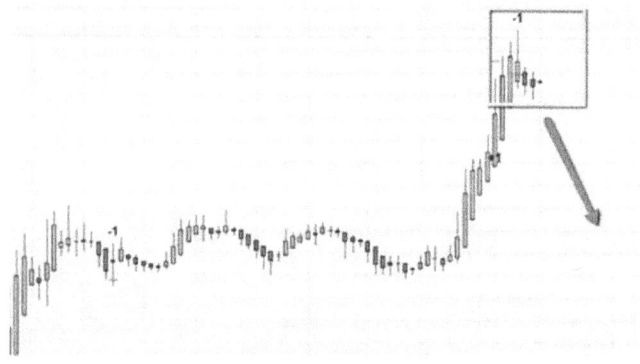

Ho scelto il grafico a 30 secondi in primo luogo perché rappresenta un mercato rapido. Come si può notare, è importante rimanere flessibili e non attaccati rigidamente ad un'impostazione grafica predefinita. Il mercato è in continuo movimento e ogni giorno è diverso dall'altro. A volte i movimenti sono veloci e a volte sono lenti. Ciò significa che in alcuni giorni si riconosceranno meglio i trend su un grafico a 1 minuto, ma negli altri giorni un grafico a 2 minuti sarà più adatto. Questo si può modificare con un solo clic. E anche durante la sessione di trading, si potrà modificare l'impostazione del grafico quando la volatilità cambia.

Siete trader. Se sceglieste sempre i parametri fissi per i vostri set-up, il vostro lavoro potrebbe anche essere svolto da un programma per computer. Se invece avete intenzione di utilizzare il vostro tempo prezioso per il trading, avrete un vantaggio rispetto ai sistemi di trading automatico. Uno di questi vantaggi è che voi, come scalper esperti, sarete in grado di rivalutare il mercato in qualsiasi momento regolando manualmente i vostri grafici. Come si può vedere nella Figura 6, la coppia EUR / USD inizialmente ha avuto un andamento laterale (sideway). Questi mini-movimenti erano così insignificanti da non valere lo scalping. La mia configurazione funziona meglio su trend chiari quindi ero interessato solo al momento del break e a quando l'euro ha ricominciato a salire di nuovo. Si noti inoltre che le candele Heikin Ashi sono più ampie dopo il breakout – i compratori sono tornati! Naturalmente, si potrebbe fare trading su questo breakout, ma spero che voi conosciate la mia filosofia: non speculate. Io preferisco aspettare un'azione chiara e riconoscibile del mercato e quindi fare trading sulla reazione. Ecco perché ho aspettato fino a quando il rally si è esaurito e poi sono andato short sulla prima candela rossa a 1,3563 (il quadrato giallo). È stato il mio primo trade del giorno, quindi ho scelto una piccola posizione ($ 100.000). Volevo ottenere un segnale dal mercato e questo è importante!

Un altro cardine della mia filosofia di trading è che voglio rimanere all'interno della corrente. Voglio fare trading con le onde. Ricordate, nessuno si trova nella corrente giusta all'inizio della giornata di trading, cosa che invece accade solamente durante il corso del trading. Potevo sapere che il mercato avrebbe corretto dopo questo breakout iniziale? Ovviamente no! Il mercato mi dirà se ho ragione o torto, ed in quale punto avrà intenzione di correggere. La freccia rossa indica più o meno la mia aspettativa. Così, ho pensato che l'Euro avrebbe ricoperto lo spazio di breakout che si era generato dopo l'uscita dal movimento laterale (lato sinistro del grafico).

Figura 7 EUR / USD, Grafico 2-Minuti

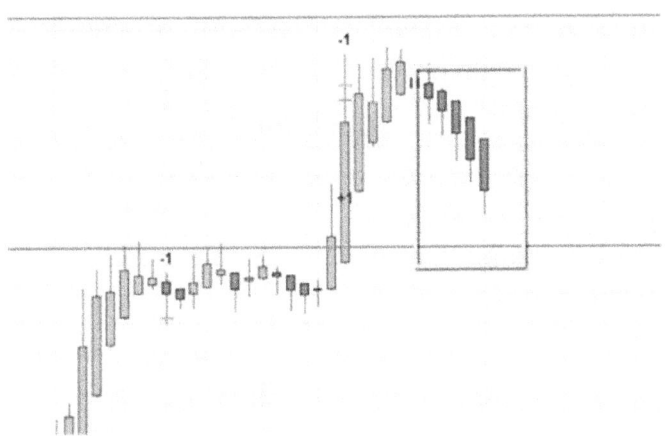

Al fine di avere una migliore visione d'insieme, sono passato ad un grafico a 2

minuti in Figura 7. Il mercato mi ha confermato che avevo ragione e la coppia EUR / USD ha corretto il movimento di breakout precedente. In Figura 7, siamo appena prima del momento in cui viene raggiunto il mio prezzo obiettivo. Questo era la linea orizzontale inferiore. In questo punto il mio ordine d'acquisto take profit era in attesa a 1,3551. Questo ordine chiuderebbe la mia posizione automaticamente una volta raggiunto il livello. Come ho detto, si dovrebbe cercare di fissare obiettivi di prezzo realistici quando si fa scalping. Per me, questo era il livello di breakout precedente, livello dove il mio ordine di acquisto era in attesa. Il mio scenario si è realizzato, così ho potuto ottenere circa 13 pips di profitto con questo trade grazie allo scalping.

La linea orizzontale superiore è lo stop-loss a 1,3571. Questo ordine protegge la mia posizione contro perdite maggiori. Quindi, lo stop era di circa 7 pips sopra il mio prezzo di entrata. In altre parole, ho rischiato 7 pips per vincerne 13, e questo è un buon rapporto rischio-rendimento per uno scalper. Nello scalping, il RRR (rapporto rischio-rendimento) è spesso di 1: 1. Quando ho effettuato lo screenshot il prezzo era 1.3554, quindi già 9 pip avanti. Il mio prezzo target non era lontano e in Euro è stato convertito in un guadagno di 65.90.

Figura 8: EUR / USD, Grafico 1-Minuto

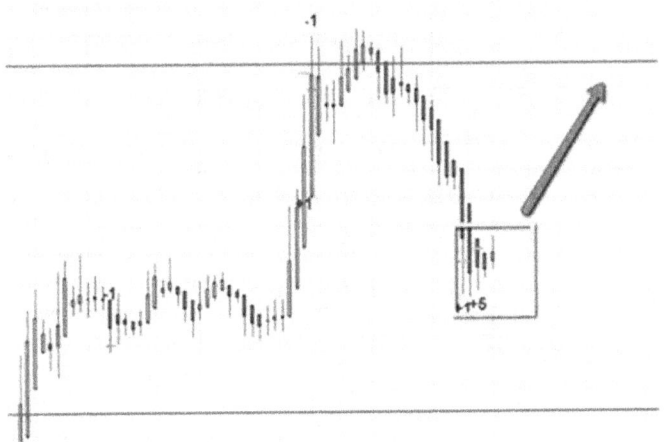

Nella Figura 8, sono tornato al grafico a 1 minuto – la mia impostazione grafica preferita - per studiare il mercato più da vicino. Il -1 sopra mostra il luogo dove ero andato short e +1 (come indicato dal quadrato giallo) il luogo in cui l'ordine take profit aveva chiuso la mia posizione. Così, lo scenario che mi aspettavo si è verificato pochi minuti più tardi e sono stato in grado di ottenere il profitto atteso di 13 pips. Come già detto, ho avuto a che fare solo con un lotto standard di $ 100.000 dato che si trattava del primo trade della giornata. Anche gli scalper hanno bisogno di fare un po' di riscaldamento!

Grazie alla fiducia recuperata, sono poi passato ad una marcia superiore e subito andato long di nuovo, questa volta con 5 lotti (+5 nel quadrato). Nel mercato azionario, se si è in gamba, bisognerebbe concentrarsi principalmente sull'aumentare il più possibile il guadagno e mantenere contenute le perdite, quando le cose non vanno per il verso giusto. Se non è possibile fare questo, si dovrebbe optare per non fare trading. Quando chiudo un trade short, significa naturalmente che mi aspetto una reazione contraria. Sarebbe illogico non andare long. Fare scalping risponde a ciò che ti dice il mercato – nient'altro. Se si è in buona forma, questo accade senza pensare. Quindi, in questo caso, sono stato long per 5 lotti a 1,3552. La linea orizzontale inferiore nella Figura 8 questa volta rappresenta l'ordine stop-loss, che è stato inferiore a 1,3540, quindi un buon 12 pips di distanza dal mio ingresso. Questa configurazione è risultata essere un po' conservativa, soprattutto perché il mio obiettivo era 1,3565, cioè 14 pips al di sopra del prezzo d'entrata. Vedete come il rapporto rischio-rendimento cambia radicalmente! Era circa 1:1 con difficoltà.

Ma c'è un aspetto importante che non posso mostrare qui: il fattore tempo. Come scalper, voglio che lo scenario che mi aspetto si verifichi al più presto possibile. Desidero che il mercato vada quasi immediatamente nella mia direzione. Se questo non accade dopo pochi minuti, inizio a spingere il mio stop loss più vicino al prezzo d'entrata. Questa misura si basa sull'esperienza di un gran numero di trader. Se il trade non funziona, la probabilità che ciò accada scende di minuto in minuto. Per un operatore è allora necessario limitare i danni il più possibile. Un modo per farlo è quello di ridurre la distanza dallo stop (non aumentarla!). Alla fine, e questo momento avviene di solito molto presto, l'intuizione che il trade non funzionerà e che sarebbe stato meglio chiudere la posizione prenderà forma. In generale, questo indica una piccola perdita. Meglio comprendere questo meccanismo prima che dopo. A questo proposito sono rigoroso, indipendentemente dal fatto che la mia aspettativa si verifichi o meno. Se ciò non accade, voglio essere fuori dal mercato. Questo stop serve a proteggere me stesso da pensieri inutili come "Spero che possa ancora finire bene." Voglio che il mercato vada nella mia direzione; altrimenti voglio starne fuori.

Figura 9: EUR / USD, Grafico 1-Minuto

La Figura 9 mostra che dopo 7 minuti, il trade è già vincente. Sebbene il mio target (linea superiore) non sia ancora stato raggiunto, la mia valutazione sembra essere corretta. La coppia EUR / USD si trova a 1,3562, a soli 11 pips sopra il mio prezzo di entrata. Questo indica una plusvalenza di 362 euro di cui essere orgogliosi. Si noti inoltre come le candele Heikin Ashi erano piccole all'inizio di questo nuovo trend rialzista, mentre l'ultima candela mostra una caratteristica più dinamica. Il party è in pieno svolgimento!

Il mio nuovo obiettivo di prezzo è più o meno al livello su cui ero già andato corto. Naturalmente, io non so se il mercato ci tornerà. Il grande vantaggio degli ordini take profit è che la posizione viene chiusa automaticamente una volta raggiunto l'obiettivo. Ma se sento che il mercato non raggiungerà questo obiettivo, allora posso fissare il prezzo target ad un punto più basso. Si tratta semplicemente di una questione di giudizio. Manca il momentum? Allora può essere meglio afferrare i profitti ora. E qui, i grafici Heikin Ashi mi aiutano ancora una volta; mi mostrano chiaramente se il momentum della tendenza continuerà o meno.

Figura 10: EUR / USD, Grafico 1-Minuto

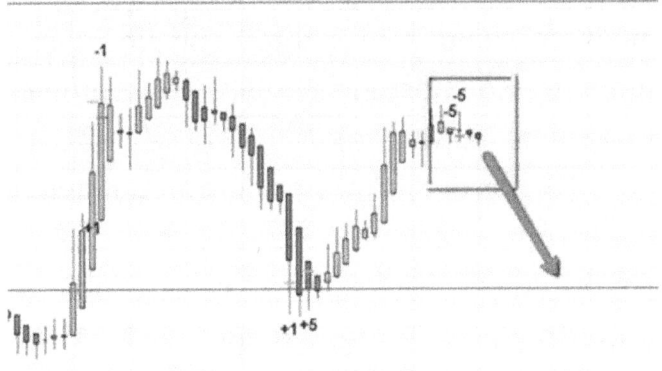

Sì! Dopo la prima mossa speranzosa, non si presenta nessun ulteriore massimo. Il mercato comincia a correre lateralmente, le candele Heiken Ashi rimpiccioliscono e – guarda un po' – appare la prima doji! Questo per me è un motivo sufficiente per realizzare il profitto e subito andare short di nuovo! Se si percepisce che il mercato non vuole o non è in grado di andare più in alto, allora si deve andare short. Si tratta di logica.

Tuttavia, devo avvertirvi: siamo in un mercato crescente (!). Lo si può notare quando si guarda il grafico da sinistra a destra. I trade short in questo ambiente sono chiaramente trend in contro tendenza. Quindi, le probabilità stanno contro di voi anche se chiuderete il trade con un utile. Il mio ingresso short era 1,3562. Lo stop (linea orizzontale superiore) a 1,3572 è stato un buon 10 pips di distanza dall'entrata. Il prezzo obiettivo è stato 1,3550 - 11 pips più in basso. Anche in questo caso, solo un rapporto di rischio-rendimento di 1: 1, ma come ho detto, ho intenzione di spostare lo stop nella direzione del prezzo di entrata rapidamente qualora il trade non si sviluppi nel modo auspicato. Come si può vedere, lo scalping e il trading in generale, hanno molto a che fare con la gestione delle possibilità e del rischio più volte a vostro favore. Quindi, cercate sempre di ottenere qualcosa il più conveniente possibile. I buoni scalper sono campioni in questo!

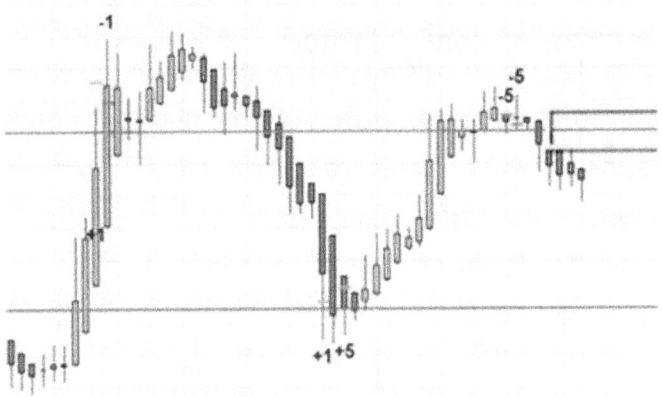

La Figura 11 illustra questo approccio. Ero short ed avevo già qualche pip di profitto, ma in qualche modo ho avuto la sensazione che ci fosse troppo poco momentum nel movimento. Così, ho adeguato lo stop al punto di pareggio (linea orizzontale superiore del rettangolo), anche se non consiglio di farlo troppo velocemente. La volatilità assicura che si verrà stoppati abbastanza rapidamente se l'ordine è troppo vicino al prezzo di mercato. Tuttavia, in alcuni casi può essere necessario non dare troppo spazio al trade corrente se il mercato non sta andando abbastanza rapidamente nella vostra direzione. A quel punto, un rapido contro-movimento si potrebbe verificare, e prima di rendervene conto, il trade sarà in rosso.

Con uno stop al punto di pareggio, il mio rapporto rischio-rendimento cambia radicalmente di nuovo. Uno stop al pareggio è un trade libero. Nel peggiore dei casi, si arriva a 0 ma si mantiene la possibilità che il trade si sviluppi comunque nella direzione a voi favorevole. Questo è, naturalmente, il migliore dei casi. Per i trade con scalping che giocano contro il trend attuale (in rialzo) si dovrebbe procedere con un po' più di cautela, anche se tali trade possono essere molto redditizi.

Figura 12: EUR / USD: Grafico 1-Minuto

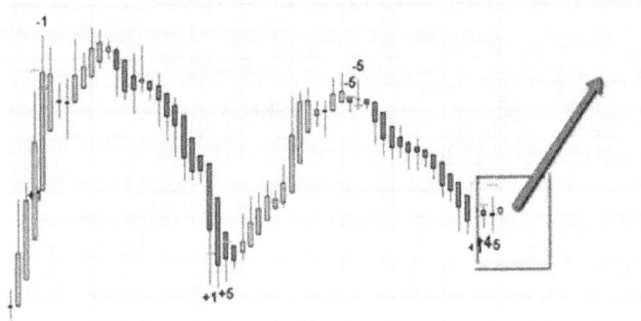

Il mio prezzo target non è stato raggiunto ma sono stato in grado di chiudere il trade con un bel profitto. Si può vedere chiaramente qui che una doji annuncia di nuovo l'inversione. È per questo che sono andato long di nuovo con 5 lotti.

Figura 13: EUR / USD: Grafico 1-Minuto

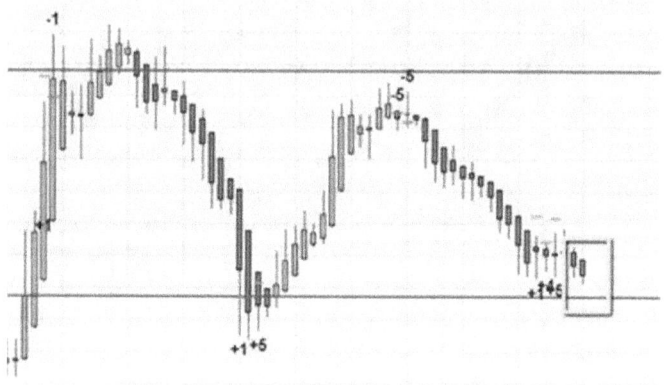

Questa volta, la fortuna non è stata dalla mia parte. Dopo tre minuti, le candele erano di nuovo rosse. Sembra che questa volta io abbia stimato la direzione del mercato in modo non corretto. Pertanto, ho spinto lo stop loss vicino al prezzo di entrata (linea orizzontale inferiore). Restava ancora una chance, ma l'esperienza dimostra che questa situazione si traduce in una perdita. Pertanto, ricordiamoci di cercare di limitare i danni! La perdita è stata di 226 euro. Tempo per un break per me ...

Figura 14: Risultati dei 4 Trade Scalping

Trade Nr.	Lots	long/short	start	end	Pips	Euros
1	1	short	10:33	10:55	13	124.00
2	5	long	10:55	11:10	11	530.00
3	5	short	11:11	11:26	7	354.00
4	5	long	11:27	11:48	-5	(226.00)
Total	16				26	782.00

I risultati di questa ora di scalping erano buoni. Sono stato in grado di generare 26 pips e, in definitiva guadagnare 782,00 euro. Naturalmente, non sempre funziona in questo modo, ma chi è disciplinato avrà spesso delle buone giornate come questa. Lo scalping è sicuramente divertente in questo modo!

7. L'Analisi Tecnica Aiuta Quando si fa Scalping Heikin Ashi?

Ora abbiamo impostato le basi per il successo nello scalping Heikin Ashi. Sostanzialmente è già possibile cominciare ad operare in questo campo con queste conoscenze. Tuttavia, vorrei fornirvi informazioni più interessanti in questo libro. Vorrei affiancare il set-up di base che vi ho presentato nel Capitolo 3 con l'analisi tecnica. Proviamo ad esaminare se alcuni elementi di analisi tecnica supportano il mio set-up. Quindi la domanda è: possiamo eseguire le entrate (e le uscite!) con maggiore precisione? Negli esempi che seguono, vorrei dimostrare che la configurazione del mio scalping va d'accordo anche con importanti principi di analisi tecnica, ed è anche da questi confermata.

A. Supporto e Resistenza

Figura 15: EUR / USD, Grafico 1-minuto

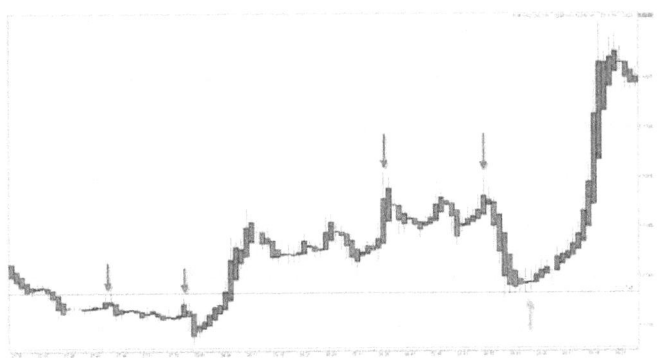

In questo esempio, vediamo un classico esempio di trade mattutino di EUR/USD. Nei primi momenti del trading (a sinistra del grafico), l'euro si spostava per lo più lateralmente. La linea orizzontale indica una linea di supporto, che sarà importante in seguito. Vediamo come l'Euro si muove tra le 7:00 e le 8:00 (ora italiana) intorno a questa linea. Innanzitutto, la linea è un supporto e poco dopo l'Euro scende al di sotto di tale linea. Così, diventa automaticamente resistenza (prime due frecce in basso a sinistra). Poco dopo le 8:00, notiamo che il mercato rompe nuovamente la linea. Le candele si fanno più grandi e più regolari. Questa è la prima indicazione del giorno che i compratori sono sul mercato. E sì, 30 minuti più tardi il numero rotondo 1,1200 è in palio (terza e quarta freccia verso il basso). In primo luogo, viene testato 2 volte. Avrei potuto operare su di esso, ma le candele Heiken Ashi non mi hanno fornito una buona configurazione, così ho optato per non farlo. E ora la cosa si fa interessante. Il mercato ritorna un po' indietro e sta testando ancora la linea di supporto, che era stata conquistata poco dopo le 8:00 del mattino. Questo è un buon esempio. Ora, guardiamo in dettaglio quello che sta facendo la coppia EUR / USD.

Figura 16: EUR / USD, Grafico 1-Minuto

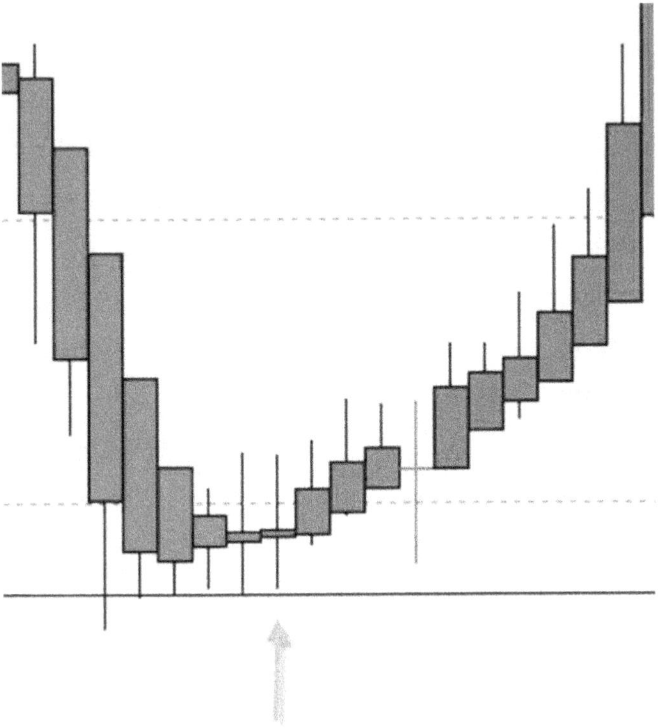

Vediamo come, dopo aver testato la cifra rotonda di 1,1200, EUR / USD torna indietro di circa 20 pips (candele rosse a sinistra). Il completamento avviene in 3-4 minuti. Le due candele successive sono significativamente più piccole, indicando una perdita di momentum. Anche se il prezzo è a contatto con la linea di supporto, non scende sotto la linea. Quindi, la prossima candela è una doji, la quale punta ad un equilibrio tra acquirenti e venditori. Qui, uno scalper Heiken Ashi deve monitorare i prezzi, perché alla prossima candela, il colore cambia da rosso a verde (freccia). Ecco il segnale di acquisto! Ora, voi come scalper non dovreste essere titubanti. Dovreste comprare, perché vediamo che il prezzo inizia già a salire dalla prossima candela ad indicare che gli acquirenti stanno entrando in azione. Il vantaggio in questo esempio è che si può garantire il trade con uno stretto stop loss. Direi in questo caso, 3-5 pips.

Se si mette lo stop troppo stretto, si rischia di essere buttati fuori da un movimento accidentale del mercato? Risposta: sì, è così. E vi accadrà in ogni mercato. È parte del processo di trading e si deve imparare a sostenere quelle piccole perdite a costo della propria attività. Quindi, cercate di non scegliere sempre uno stop troppo largo in questa situazione. Sia che questa linea di supporto resista o meno. I tori stavano giocando la partita dalle 8:00. Ora dovrebbero anche mostrare ciò che sono in grado di fare. E i tori hanno aperto il gas. Non solo il numero tondo 1,1200 è stato energicamente conquistato, ma sono stati aggiunti altri 20 pips. Durata: 2 minuti. In altre parole, questa eccellente opportunità avrebbe prodotto i primi 40 pips. 40 pips! É più della media giornaliera della maggior parte degli scalper che conosco. Esistono anche le eccezioni. Ma questi sono individui di grande talento e molto timidi, dei quali sentirete in giro poco più di nulla.

Figura 17: EUR / USD, Grafico 1-Minuto

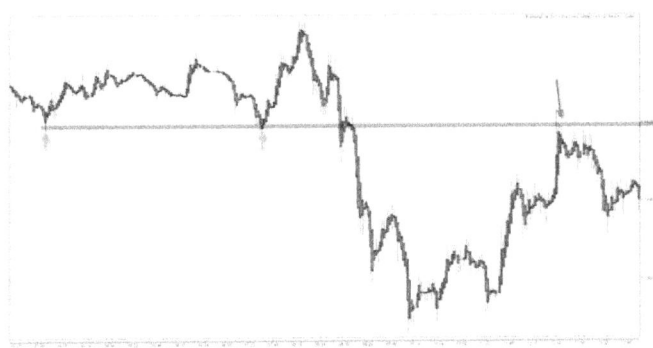

La Figura 17 mostra il classico caso di un supporto che diventa una resistenza. Era una giornata molto tranquilla per EUR / USD. Nella prima mattinata il cambio poteva ancora difendere il livello di 1,1420 (linea orizzontale nel grafico a sinistra). Poco prima delle 9:00 del mattino, i venditori finalmente riuscivano a sfondare questo supporto mandando EUR / USD verso 1,1380, un movimento piuttosto modesto. Il trade è quindi rimasto un po' svogliato fino a quando i compratori hanno potuto guidare EUR / USD di nuovo fino al livello 1,1420. Vediamo come le candele rialziste abbiano appena raggiunto il livello di resistenza, e poi si siano indebolite. Dopo due tentativi falliti di conquistare la resistenza, viene visualizzata la prima candela rossa (freccia giù): il segnale short è arrivato. Questo ha prodotto circa 10-15 pips.

B. Swing Massimo e Swing Minimo del Giorno Precedente

Figura 18: USD / CHF, Grafico 1-Minuto

La Figura 18 mostra il grafico a 1 minuto per il cambio USD / CHF. Dopo il movimento laterale del franco svizzero nei primi trade (in alto a sinistra), il trend si è dimostrato ribassista poco prima delle 9:00 (ora italiana), raggiungendo così esattamente lo swing ribassista del giorno precedente. La prima candela verde a questo punto è una doji; tuttavia, una posizione long sembrava giustificata dalla posizione tecnica del grafico. Si potrebbe fare trading con questo swing minimo con uno stop loss relativamente piccolo di 5 pips. Vediamo che USD / CHF ha completamente corretto il movimento precedente. Non è raro nel trading sulle valute!

Figura 19: EUR / GBP, Grafico 5-Minuti

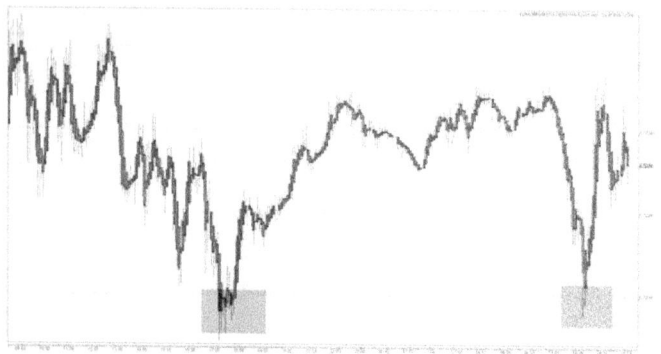

La Figura 22 mostra un grafico a 5 minuti per il cross EUR / GBP. Anche in questo caso, il mercato sta testando lo swing minimo del giorno precedente (primo rettangolo scuro). Tale improvvisa debolezza spesso offre ottime opportunità di acquisto in quanto i partecipanti al mercato ricordano molto bene questo livello. Gli ordini degli operatori istituzionali che aspettano uno sconto sul mercato sono in attesa di essere colpiti. Spesso, questi sono gli stessi attori che hanno spinto il mercato verso il basso con i loro ordini di acquisto. I grandi operatori sanno come giocare!

Figura 20: DAX, Grafico 1-minuto

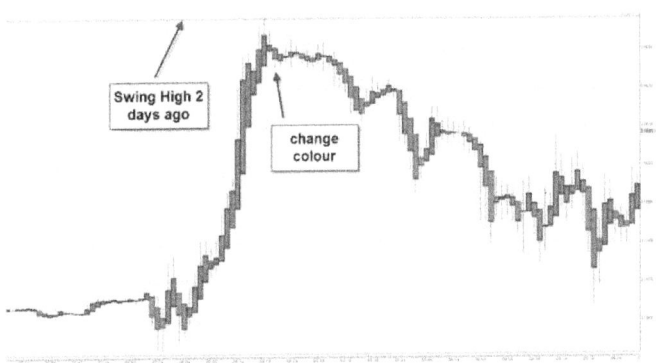

L'indice tedesco DAX è anche uno dei miei mercati preferiti quando si tratta di scalping con grafici ad 1 minuto. Anche l'esempio della Figura 20 è un classico. Vediamo come il DAX stia sostenendo un piccolo rally nel trading di pre apertura (prima delle 9:00 del mattino) e poi come stia raggiungendo un precedente swing massimo. Questo livello era, infatti, già presente da 2 giorni, ma si può notare come i partecipanti al mercato lo ricordino bene. Dopo che il prezzo ha raggiunto (colpito) il livello, la dinamica rialzista perde intensità e la prossima candela è rossa. Il segnale short è arrivato. Certo, ciò che segue è non esattamente esemplare, e certamente alcuni scalper avrebbero chiuso la posizione di nuovo alla prima candela verde. In ogni caso, era sicuramente possibile guadagnare 10-20 punti a questo livello. Eppure impressionanti swing verso l'alto o verso il basso sono spesso interessanti per un entry-level, perché ci si può aspettare almeno una piccola correzione. Tali livelli non vengono semplicemente fatti fuori dal mercato, a meno che il rally non si muova sulla base di dati economici molto importanti.

C. L'Importanza del Numero Tondo nel Forex

Figura 21: GBP / JPY Grafico Orario

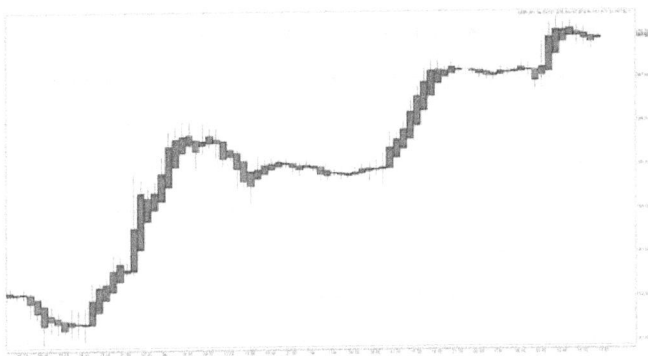

La figura 21 mostra un grafico orario per la coppia di valute GBP / JPY, a volte chiamato anche "la Bestia". GBP / JPY rappresenta la mia scelta preferita per il trading e vi spiegherò il perché. "La Bestia" è infatti un animale selvatico. Ma ogni trader che sa quello che sta facendo, sa che può ottenere un guadagno in questo mercato. Come possiamo vedere, si aggira circa sui 200, a volte anche 300 e oltre pips al giorno. Questo è il mercato! Naturalmente, gli spread sono leggermente più alti; pertanto, bisognerebbe modificare la propria gestione del rischio per sistemare al meglio il trading. Il grafico mostra chiaramente che i tori hanno l'ultima parola, giusto? Se fossi uno scalper intelligente, comincerei a cercare in primo luogo i segnali long più interessanti in questo mercato. Diamo un'occhiata al microcosmo.

Figura 22: GBP / JPY: Grafico 1-Minuto

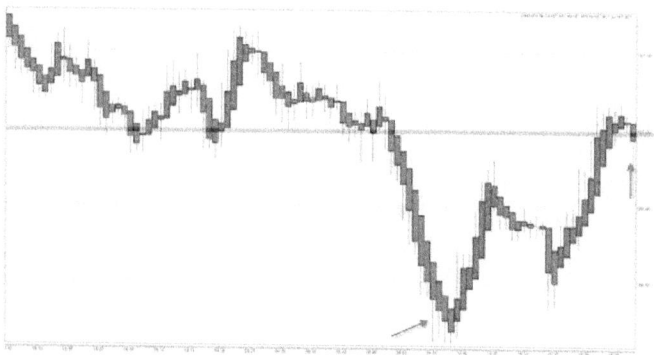

Nella Figura 22, riprendiamo di nuovo il grafico a 1 minuto. La linea orizzontale al centro del grafico rappresenta il numero tondo 187.00. Questo sarà importante. Vediamo che il livello 187 viene difeso dai primi trade del mattino. Poi, poco prima delle 10:00 del mattino, gli orsi riescono a spingere il mercato sotto questo livello di circa 30 pips. Non è una meravigliosa scala rossa verso il basso? Ancora una volta, questa mossa non è così facile da prevedere. Ma scale discendenti così belle sono quasi sempre dei regali per me come scalper. So che avrò ragione. E uno scalp sul lato long, una volta che il colore delle candele sarà cambiato da verde a rosso, avrebbe fornito almeno 10 pip rapidamente. In seguito, il mercato si trova nuovamente in una sorta di ritorno all'indietro, ma non raggiunge più il minimo precedente e risale ancora al livello di 187. Ora, questa è un'informazione molto importante! Gli orsi hanno tentato di spingere il mercato verso il basso, ma chiaramente non ci sono riusciti. I tori potrebbero facilmente spingere il mercato al punto di partenza: 187.00! E ora vediamo cosa succede in seguito:

Figura 23: GBP / JPY, Grafico 1-Minuto

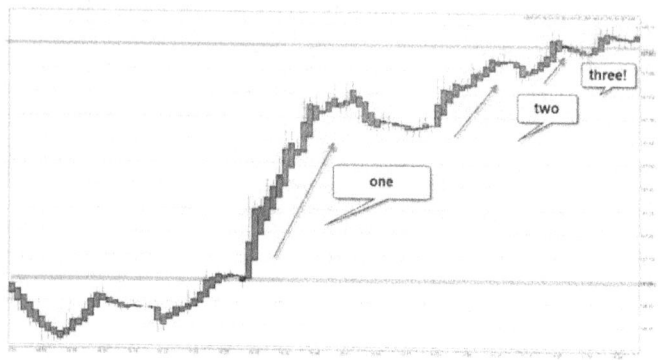

Sul lato sinistro della figura 23 si può vedere dove eravamo arrivati nealla Figura 22. I tori hanno riportato "la Bestia" al punto di partenza del mattino, cioè il numero tondo 187.00 (riga inferiore). E poi cominciano la loro giornata di lavoro! In 3 onde, portano GBP / JPY al prossimo numero tondo: 188.00. Uno, due e tre! Tre onde meravigliose che avrebbero potuto essere utilizzate in un trade da qualsiasi scalper intelligente.

Se avessimo riconosciuto la debolezza del primo mattino come un falso, avremmo potuto naturalmente acquistare direttamente a livello 187.00. Dopo la prima onda (la più grande) i compratori avrebbero sicuramente portato il livello 188.00 fuori dal mercato. Si tratta di 100 pips in circa 1 ora dalle 10:30 fino alle 11:30. Tuttavia, si può fare solo se si ha esperienza con questo mercato. Alla "Bestia" piace muoversi di 100 pips - proprio così - e questo è il motivo per cui amo questo mercato. Se si possono ottenere questi movimenti di tanto in tanto (con 5-10 pips di stop loss) si potrà essere tra i vincitori nel mercato valutario ed azionario.

Figura 24: USD / JPY, Grafico 1-Minuto

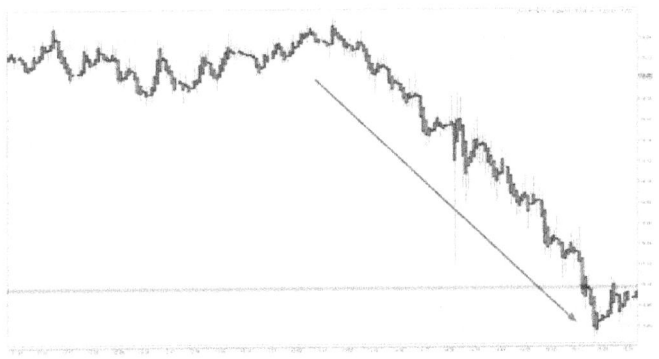

Un mercato di scalping completamente diverso, ma altrettanto interessante è quello di USD / JPY. Qui, o così sembra, la volatilità è significativamente inferiore rispetto a GBP /

JPY. USD / JPY è in effetti il rapporto di cambio principale delle coppie sullo Yen e, pertanto, ha il più alto livello di liquidità giornaliera. 20 pips indicano già un buon movimento in questo mercato. È possibile utilizzare degli stop stretti grazie alla bassa volatilità (spesso solo 2 o 3 pips dal prezzo di entrata) come in questo esempio. Vediamo un chiaro movimento verso il basso, poco al di sotto del numero tondo 119.00 (linea blu orizzontale). Ora, scopriamo cosa succede dopo.

Figura 25: USD / JPY, Grafico 1-Minuto

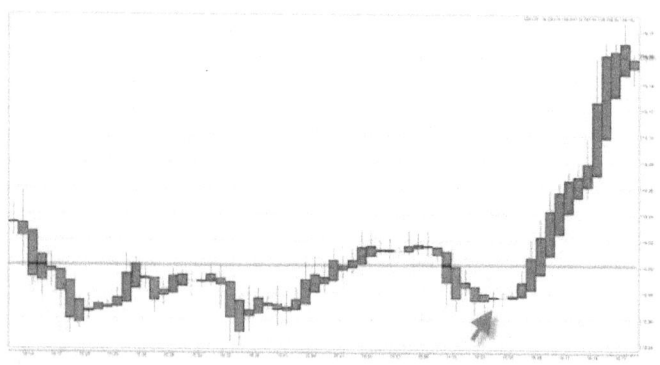

Nella Figura 25, si vede chiaramente che la coppia USD / JPY ha formato un triplo minimo sotto il numero tondo 119 (linea orizzontale).

Questo è un dato molto importante, soprattutto perché il terzo minimo (freccia) è leggermente superiore al precedente. Anche in questo caso, si tratta di informazioni importanti: i compratori non accetteranno ulteriori minimi al di sotto del livello di 119.00, e ciò significa che sono pronti a difenderlo. Il rally successivo è di buoni 20 pips. Di nuovo all'inizio! Diamo un'occhiata a questo terzo minimo un po' più da vicino:

Figura 26: USD / JPY, Grafico 1-Minuto

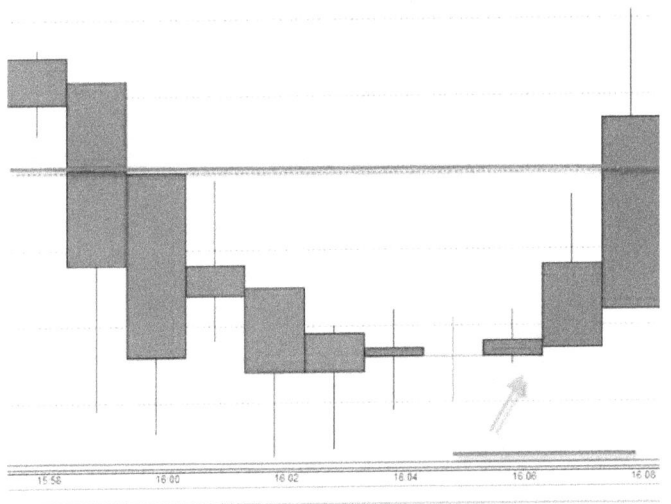

2-3 pips al di sotto del livello 119 (linea orizzontale) le candele diventano più piccole e quindi formano due doji che diventano verdi. Ecco finalmente, vicino al completamento del terzo minimo, un punto dove lo scalper può assumere una posizione long con un plausibile stop loss stretto (2-3 pips). Questo certamente non sempre riesce, ma questa volta avrebbe portato giusto 20 pips in USD / JPY. La piccola linea rossa sotto le candele è lo stop.

Figura 27: DAX, Grafico 1-Minuto

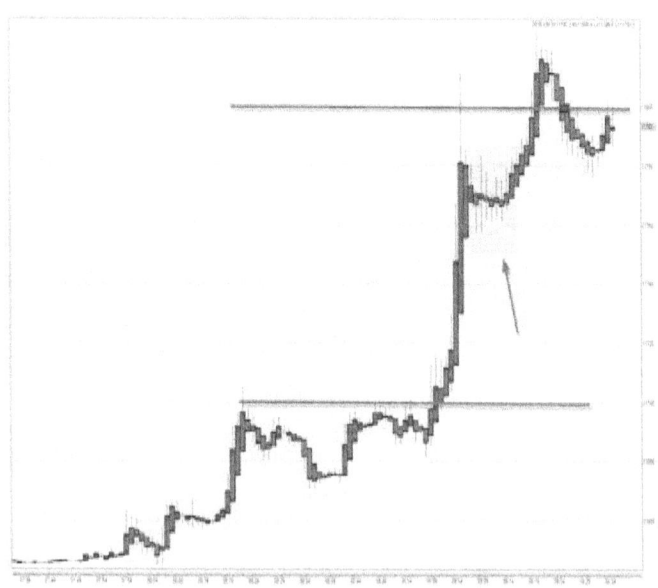

La figura 27 mostra il grafico a 1 minuto per il DAX. Si noti che, a questo punto, il DAX era chiaramente in trend rialzista. Vediamo come i compratori di prima mattina abbiano tentato di superare il livello di 11.700 (linea orizzontale inferiore). Alle 09:00 (inizio del trading a Francoforte) hanno finalmente successo e possono percorrere 100 punti in 6 minuti. Questa è un'informazione molto importante perché significa che i tori hanno il controllo assoluto del mercato e gli orsi non hanno nulla da dire. Quello che è importante per gli scalper è ciò che accade dopo questa prima mossa (freccia). Vediamolo più da vicino.

Figura 28: DAX, Grafico 1-Minuto

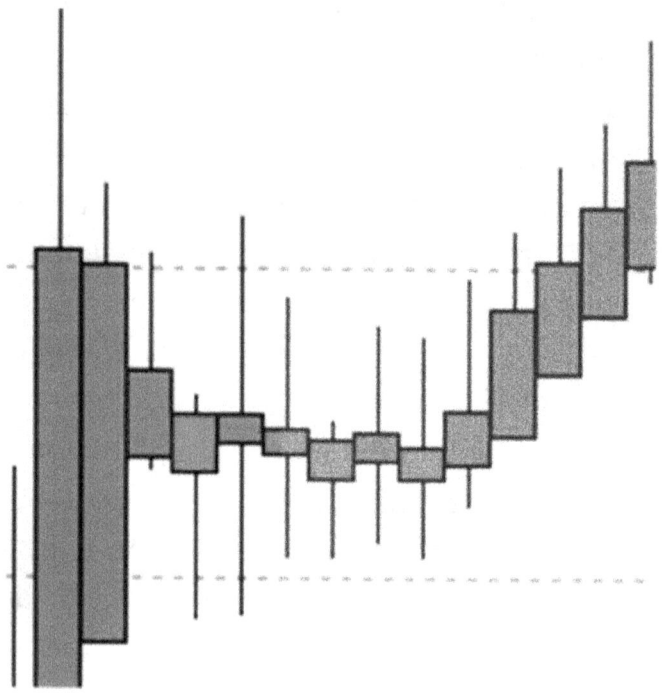

Sul grafico a 1 minuto, il DAX viaggia lateralmente dopo il potente movimento da 100 punti. Dopo il cambiamento di colore, vediamo 5 spinning top e 2 hammer (martelli) rialzisti. Chiunque sia andato short a questo punto non ha ottenuto un buon risultato. Gli spinning top e soprattutto i martelli suggeriscono che i compratori non accettano nemmeno una piccola correzione. Certo, si è realizzato qualche profitto ma questo difficilmente porta ad un aumento della pressione di vendita. I contratti dei venditori vengono immediatamente acquistati dagli acquirenti più avidi. Dopo questa breve fase di 8 minuti, il trend è in salita di altri 45 punti.

Ed ecco la lezione: dopo questi forti movimenti lo short è vietato (in 6 minuti 100 punti!). Chi è andato short finisce per chiudere con una perdita o nella migliore delle ipotesi in pareggio buttato fuori da questo mercato. Sarebbe stato ovviamente più saggio riconoscere l'enorme forza dei tori e andare long dopo questo breve periodo di consolidamento.

8. Come Riconoscere i Giorni di Trend?

Nei mercati "normali", uno scalper può andare sia long che short. Il più delle volte, i mercati si muovono lateralmente. In queste situazioni, è completamente sicuro acquistare sul supporto (Swing Minimo del giorno precedente, il numero tondo) e vendere sulla resistenza (l'elevata oscillazione del giorno precedente, il numero tondo). Avrete anche delle perdite, ma, come già sapete, questo fa parte della nostra attività. Più pericoloso è lo scalping in controtendenza nei giorni in trend perché qui avete contro le forze di un sacco di soldi. Alla sera, è sempre facile determinare se il mercato su cui si ha operato è stato in trend. Ma si può esserne certi anche alle 9:00 del mattino? Ovviamente no. Nessuno lo sa. Le statistiche mostrano che i mercati vanno lateralmente per oltre il 70% del tempo. Ciò significa che le impostazioni che ho presentato a voi in questo libro sono valide per la maggior parte del tempo di trading.

In caso scopriste che il mercato sta andando ancora più in alto dopo essere andati corti su un primo movimento al rialzo, allora è una buona idea fare attenzione! La possibilità che stiamo assistendo all'inizio di una giornata in trend è ora realistica. Di solito, si verificano 1-2 giorni in trend a settimana. Essi non sono sempre facili da identificare, ma possiamo trovare alcuni indizi. Se le due (o le tre) sedute precedenti sono state tipicamente in range (mercati laterali), allora la probabilità che oggi si verifichi una giornata in tendenza aumenta. Un'altra indicazione è se il mercato va prima nella direzione opposta. Questo avviene nel mercato Forex, tipicamente nella mattinata europea. Gli orsi prima inviano il mercato nel sottosuolo. I livelli preferiti sono spesso i minimi del giorno precedente in cui si concentrano i maggiori ordini di acquisto degli orsi che aspettavano di essere eseguiti. Naturalmente, "i big boys" vogliono ottenere uno sconto extra sul mercato prima di entrare di nuovo. Spesso, il rally inizia dopo un po' di "consolidamento" al ribasso. I trader, ovviamente, prima vogliono eseguire tutti i loro ordini di acquisto. Se si vuole un esempio di questo scenario, rivedere le figure 22-23.

A volte si incapperà anche in una rapida discesa, che si presenta come un sell-off. Allo stesso tempo, il mercato torna indietro velocemente. Questo si definisce formazione a V, perché i movimenti sul grafico assumono l'aspetto di una V. Alcuni esempi sono indicati nelle figure 18-19. Ancora una volta, queste sono ovviamente eccellenti opportunità per gli scalper. I giorni di trend si verificano spesso quando sono attesi i principali dati economici o le grandi conferenze stampa delle banche centrali. Si dovrebbe contare su "una maggiore volatilità", come i media la definiscono. In quei giorni, di solito, il trend principale (grafico giornaliero o settimanale) riprende. In questi giorni i mercati come la valuta EUR / USD si muovono facilmente di 100 fino a 150 pips. E voi, come scalper, volete ovviamente ottenere una fetta di questa torta, giusto?

Niente è più difficile di quando si tenta uno short su un mercato che è in crescita per tutto il giorno. Credetemi, parlo per esperienza personale; mi è successo molto spesso. Non c'è un modo più faticoso per guadagnarsi da vivere - di essere short in un mercato rialzista. È vero anche l'opposto. Se siete costantemente dei compratori generosi in un mercato calante, avrete una vita difficile (e costosa).

Ed è per questo che è così importante che voi, come scalper osserviate anche il quadro generale. Se non sapete che sul grafico giornaliero o sul grafico a 4 ore siete all'interno di un trend rialzista, un trend al ribasso o in un trend laterale, in realtà non sapete cosa state facendo. Anche se si esegue lo scalping con precisione chirurgica, è comunque necessario conoscere le forze sottostanti del vostro mercato. Studiare i trend, il calendario economico e – potreste ridere - di tanto in tanto leggere la sezione finanziaria di un buon giornale. Il vantaggio della carta stampata è che per una volta non state su Internet. Potreste accorciare la distanza con un analista del mercato valutario (e il mercato delle obbligazioni associato). Magari con un buon sigaro? Cosa ne dite?

Spero che abbiate capito come dovreste avvicinarvi al mercato cercando di stare dal lato long nei mercati rialzisti e dal lato short nei mercati ribassisti. Avrete migliori probabilità dalla vostra parte invece che contro di voi. Non dovreste andare short per nulla nei mercati rialzisti? No, non vorrei arrivare al punto di doverlo affermare. Per gli scalper ci sono sempre occasioni da entrambe le parti. Ma bisogna essere consapevoli che se si tiene una posizione long in un mercato ribassista, i venditori possono attivarsi in qualsiasi momento. Anche se si è scalper in controtendenza, questo non significa che si avrà permanentemente il vento contro. Quindi, state in guardia se siete scalper contro la tendenza principale del mercato.

9. Come Fare Scalping nei Giorni di Trend?

I giorni di trend non rappresentano una minaccia per uno scalper in controtendenza. Piuttosto, è vero il contrario! Spesso, i giorni di trend sono giorni in cui si è realizzato il massimo profitto. Come suggerisce il nome, un giorno di trend rivela che il mercato segue una chiara tendenza. A prima vista, si potrebbe pensare che questo semplifichi il lavoro di un trader. Invece, l'esperienza dimostra che molti scalper e trader guadagnano troppo poco da una giornata di questo tipo, o addirittura subiscono delle perdite. I motivi per cui questo accade vanno oltre lo scopo di questo libro; sarebbero da studiare in un più approfondito trattato di psicologia di trading.

Figura 29: EUR / USD, Grafico 2-Minuti

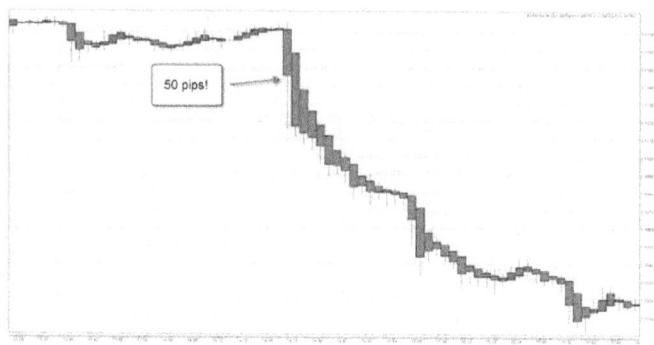

In alto a sinistra nel grafico, si vedrà che il mercato prima procede lateralmente. Questo per tutto il resto della mattina (in Europa) fino alle 8:30 ora di New York. Poi è stato pubblicato il Consumer Price Index (CPI) degli Stati Uniti di aprile 2015. Il dato è stato leggermente più debole del previsto, ma non ha evitato che i partecipanti acquistassero massicciamente Dollari e vendessero Euro. Perché? Perché il trend principale EUR / USD per mesi è stato semplicemente short. Punto. Altre domande?

In quanto scalper abbiamo un problema perché ci sono pochissimi situazioni di contro tendenza. La prima candela dopo il rilascio è stata pari a 50 pips verso il basso. E poi il mercato è andato giù di altre 120 pips senza resistenze significative. Si può andare short in qualsiasi momento in un mercato e si farà un profitto. Ma vorrei darvi un chiaro avvertimento: lo si può fare, ma con uno stretto stop. Se si viene sbattuti fuori, è semplicemente sfortuna.

Piuttosto, quando il mercato recupera per un breve periodo di tempo (e anche solo per pochi secondi o 1 minuto) suggerisco di andare short con una posizione più piccola del solito. Utilizzerei uno stop più generoso (per esempio, di più di 20 pips). Ancora una volta, questo non sempre ha successo, ma di tanto in tanto si raggiungerà un buon profitto. Tra l'altro, queste importanti figure avvengono spesso di Venerdì. Si tratta di una buona pratica tra i trader se si riesce a centrare questo colpo per mettere fine alla settimana. Il sigaro è in attesa!

10. Conclusione

Un trader più attento avrà notato che fino ad ora ho omesso il tema del "Rischio e Money Management". Non è certamente perché trovo l'argomento poco interessante! A questo punto avete letto il secondo libro della serie "Lo Scalping è Divertente!" che si occupa più concretamente dell'arte di fare Scalping. Spero di potervi aiutare a capire meglio questo stile di trading con esempi provenienti da mercati diversi. Ritengo che il Money Management sia così importante da rendere necessaria una discussione separata nella parte 3 di questa serie. L'attenzione sarà focalizzata soprattutto sulle seguenti domande:

1. Come valuto i miei risultati di trading?

2. Quali sono le figure chiave?

3. Quali parametri posso cambiare al fine di ottimizzare i miei risultati?

Se comprenderete pienamente il metodo e per di più padroneggerete i principi di gestione del rischio, niente potrà fermarvi nella vostra carriera nel trading.

Vi auguro il successo!

Trader Heikin Ashi

Lo Scalping è Divertente!

Parte 3: Come Valutare i Miei Risultati di Trading?

Lo scalping è il modo più veloce per fare soldi nel mercato azionario. Difficilmente si può trovare un metodo più efficace per aumentare il capitale di un trader. Il Trader Heikin Ashi spiega perché in questa serie in quattro parti sullo scalping.

In questo terzo libro, il trader Heikin Ashi risponde alla domanda in merito a come analizzare e valutare correttamente i risultati di trading di uno scalper. Sulla base dei risultati settimanali di un solo trader, egli esamina quali fattori sono più importanti per avere successo a lungo termine nel mercato azionario. L'analisi del diario di trading per 12 settimane fornisce una visione della curva di apprendimento di un professionista in erba.

Questa strategia di scalping altamente efficace si applica ai time frame di tipo short, come per esempio i grafici a 1 minuto, ma anche a periodi più lunghi. Potrete fare trading utilizzando questo metodo universale su indici azionari e mercati valutari. Gli strumenti tipici sono i futures, i cambi e i CFD.

Contenuto:

Sull'Autore

Heikin Ashi Trader и lo pseudonimo di un trader che ha piщ di 15 anni di esperienza nel trading giornaliero su futures e forex. Si и specializzato in scalping e trading giornaliero veloce. In aggiunta a questo, ha pubblicato vari libri auto-esplicativi sulle sue attivita di trading. Argomenti popolari sono: scalping, swing trading, money e risk management.

Stampa